### 원종우 글

내 이름은 원종우. 흔히 파토쌤이라고 불리죠. 사람들에게 과학을 쉽게
설명하는 일을 하고 있어요. 여러분이 어릴 때부터 과학에 관심을 갖고
그 관심이 어른이 되어서도 식지 않았으면 하는 바람으로
《엉뚱하지만 과학입니다》를 쓰고 있어요. 내가 그랬던 것처럼요.
라디오나 TV에서 과학 이야기를 자주 하고, 〈과학하고 앉아있네〉와 같은
과학 팟캐스트도 하고 있어요. 《태양계 연대기》와
《나는 슈뢰딩거의 고양이로소이다》같은 공상 과학 소설도 썼답니다.

### 최향숙 글

재미있는 이야기를 지어내는 걸 좋아해서 동화를 쓰기 시작했어요. 그동안
과학책으로는 《겁쟁이 공룡 티라노사우루스》, 《우글와글 미생물을 찾아봐》,
《우리 집 부엌이 수상해》 등을 썼지요. 《엉뚱하지만 과학입니다》 시리즈를 생각해 낸 건,
영재 학교에 다니는 고등학생 아들 덕분이에요. 엉뚱한 상상이 없으면
기발한 생각도 나오기 힘들다는 걸 깨닫게 해 주었거든요.
여러분이 어릴 때부터 엉뚱한 생각을 많이 하기를 바라는 마음으로 이 책을 기획하고 썼답니다.

### 임다와 그림

마음을 따뜻하고 즐겁게 해 주는 그림책의 매력에 빠져 그림 작가가 되었어요.
파토쌤이 들려주는 엉뚱한 과학 이야기를 그리는 동안,
어렵고 딱딱하게만 느껴졌던 과학이 친근하게 다가왔습니다. 제 그림을 보는 여러분들이
마음속에 반짝이는 순간들을 남겨 놓고, 더욱 풍부한 상상을 하게 되었으면 좋겠어요.
그린 책으로는 《엉뚱하지만 과학입니다 2 진짜 발 냄새를 찾아라!》,
《황당하지만 수학입니다 1 바닥에 떨어진 사탕, 먹어도 될까?》,
《로이 씨의 거품 모자》, 《두근두근 공룡 박물관》, 《뼈다귀가 좋아》 등이 있습니다.

### 와이즈만 영재교육연구소 감수

창의 영재수학과 창의 영재과학 교재 및 프로그램을 개발했습니다.
구성주의 이론에 입각한 교수학습 이론과 창의성 이론 및 선진교육 이론 연구 등에도
전념하고 있습니다. 국내 최고의 사설 영재교육 기관인 와이즈만 영재교육에
교육 콘텐츠를 제공하고 교사 교육을 담당하고 있습니다.

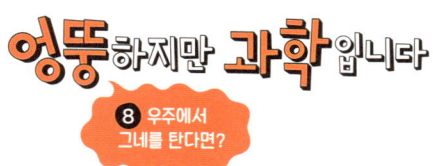

1판 1쇄 발행 2023년 11월 30일 | 1판 2쇄 발행 2024년 5월 30일

글 원종우 최향숙 | 그림 임다와 | 감수 와이즈만 영재교육연구소
발행처 와이즈만 BOOKs | 발행인 염만숙 | 출판사업본부장 김현정 | 편집 원선희 양다운 이지웅
기획·진행 CASA LIBRO | 디자인 포맷 SALT&PEPPER Communications
디자인 퍼플페이퍼 | 마케팅 강윤현 백미영 장하라

출판등록 1998년 7월 23일 제1998-000170 | 제조국 대한민국
주소 서울특별시 서초구 남부순환로 2219 나노빌딩 5층
전화 마케팅 02-2033-8987 | 편집 02-2033-8928 | 팩스 02-3474-1411
전자우편 books@askwhy.co.kr | 홈페이지 mindalive.co.kr | 사용 연령 8세 이상
ISBN 979-11-92936-23-9 74400   979-11-92936-18-5(세트)

ⓒ2023, 원종우 최향숙 임다와 CASA LIBRO
이 책의 저작권은 원종우,최향숙, 임다와, CASA LIBRO에게 있습니다.
저자와 출판사의 허락 없이 내용의 일부를 인용하거나 발췌하는 것을 금합니다.

잘못된 책은 구입처에서 바꿔 드립니다.

와이즈만 BOOKs는 (주)창의와탐구의 출판 브랜드입니다.
KC마크는 이 제품이 공통안전기준에 적합하였음을 의미합니다.

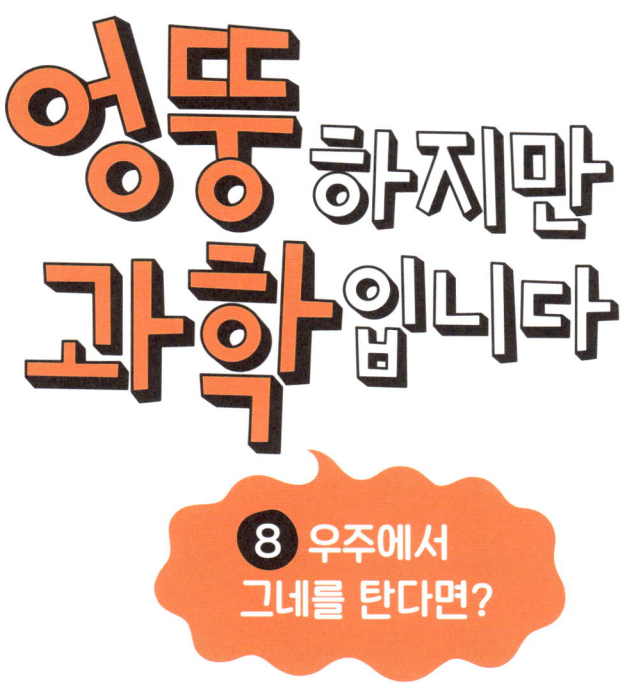

### 8 우주에서 그네를 탄다면?

원종우·최향숙 글 | 임다와 그림
와이즈만 영재교육연구소 감수

# 과학
## 좋아하니?

'과학' 하면 고개부터 떨구는 친구들이 있어.
외워야 할 것은 많고, 원리는 복잡하고 어렵게만 느껴지지.
게다가 과학의 탐구 대상은 눈으로 보기 힘든 것들이 많아.
모든 것을 지구 중심으로 끌어당기는 힘이 중력이라는데,
중력이 보여? 우리 몸속에 우주의 별만큼 많은 세포가 있다는데,
믿어져? 이렇게 눈에 보이지도 않는 것을 탐구하는 게
결코 쉬운 일은 아니지.

그런데 중력은 눈에 보이지 않지만, 우리에게 정말 중요해.
우리가 땅에 발을 디디고 살 수 있는 것도, 지구에 대기가 존재해
우리가 숨을 쉴 수 있는 것도, 다 중력 덕분이니까.
또 미생물을 볼 수는 없지만, 미생물을 연구해야
병을 고칠 수 있고, 다양한 전염병에 대처할 수 있어.
과학은 결코 포기할 수 없고, 포기해선 안 되는 학문이야.

> **놀이터 속 과학을 알아볼까?**

그래서 어떻게 하면 과학을 쉽게 접근해서 재미있게 공부할 수 있을까?
하는 생각으로 《엉뚱하지만 과학입니다》를 쓰기 시작했어.
1~5권은 이그노벨상을 수상한 과학자들의 연구를
물리, 화학, 생물, 지구과학, 생활과학 다섯 분야로 나누어 알아봤지.
지금부터는 우리가 생활하는 공간을 중심으로,
엉뚱하지만 재미있고 흥미로운 과학 이야기를 풀어 보려고 해.

초등학생들이 가장 좋아하는 공간 다섯 곳을 뽑았지.
그 세 번째는 바로 '놀이터'야.
우리가 친구와 또는 혼자서도 신나게 놀 수 있는
놀이터란 공간 안에서도 엄청난 과학을 찾아낼 수 있거든.
어쩌면 너를 꼭 닮은 친구 '나'와
앉으나 서나 과학하는 '파토쌤'과 함께,
엉뚱하지만 재미있고 흥미로운 과학의 공간으로 들어가 보자고.

# 차례

**1 앗 뜨거워!**
왜 뜨거워? ············································· 9
마찰열은 몰랐지? ···································· 13

**2 그네 타다 대 발견!** ································ 17
우주에서 그네를 탄다면? ························· 21

**3 뻐뻐 돌렸을
뿐인데…** ············································ 25
진짜 힘과 가짜 힘을 찾아라! ··················· 29

**4 하마와 재밌게
시소를 타려면** ···································· 33
무게 중심이 어디야? ······························· 37

**5 여기서만은
제발 참아 줘!** ····································· 41
분수 속이 궁금해! ································· 45

6 속이 텅텅 비었네! ········································ 49
　아는 철도 다시 보자! ····································· 53

7 딱 멈췄어야 했는데 ····································· 57
　갑자기 멈출 수 없는 이유 ································ 61

8 모래에도 각이 있다고? ·································· 65
　브라질 땅콩 효과 ········································ 69

9 으스스한 말타기 ········································· 73
　스프링의 탄성 때문이야! ································· 77

10 언제 놀아야 안 덥지? ·································· 81
　태양에게 물어봐! ········································ 85

　교과 연계가 궁금해요
　용어가 궁금해요
　사람이 궁금해요

# 주인공이 궁금해요

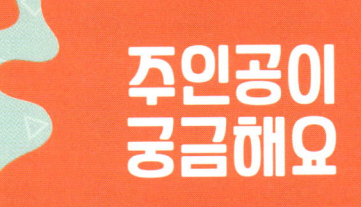
## 파 토 쌤

누구인지,
뭘 하는 사람인지 알 수 없는
**수상하고 이상하고 괴상한 사나이.**
동시에 엉뚱하고 기발하고
언제나 과학하고 앉아 있는,
가끔 서 있기도 하는
`괴짜 선생님!`

 나

초등학교 4학년.
**호기심 가득,
솔직함 빵빵, 실행력은 으뜸!**
이그노벨상을 받은
엉뚱한 과학 이야기를 알고부터
`과학에 관심 급증!`

#  1
# 앗 뜨거워! 왜 뜨거워?

친구들과 놀이터 앞을 지나는데
아무도 없네!
누가 먼저랄 것도 없이
우리는 놀이터로 뛰어 들어갔어.
오랜만에 유치원 때처럼 놀아 보려고!

미끄럼틀로 돌격!

너나 돌격 많이 해!

우리 먼저 간다!

친구들한테 미끄럼틀을 빼앗기게 생긴 난 서둘렀지.
우리는 아주 신나게 놀았어.
그런데 맨살이 미끄럼틀에 닿는 바람에
진구의 등짝이 빨갛게 됐어!

미끄럼틀 사건을 들은 파토쌤이 심각하게 말씀하셨어.
"미끄럼틀을 탈 때는 조심해야 해.
마찰열 때문에 화상을 입을 수도 있거든."
"**마찰열**? 그게 뭐예요?"
내 질문에 쌤 표정이 환하게 바뀌었어.
"빙판길 양말 실험에서 마찰과 마찰력 배운 건 기억하지?
먼저 마찰을 공부한 뒤 마찰열도 알아보자."

물질이 다른 물질에 닿은 채 움직이려고 할 때,
그 움직임을 방해하는 현상을 마찰이라고 해.
과학에서는 **마찰**은 **마찰력**이라는 힘으로 표현돼.

마찰력이 생기는 원인은 정확히 밝혀져 있지 않아.
다만 대략 두 가지로 보고 있지. 하나는 '요철' 때문이라는 거야.
모든 물체의 표면을 확대해 보면 어느 정도 울퉁불퉁하게 마련이야.
이런 울퉁불퉁한 부분을 **요철**이라고 하는데,
요철로 마찰력이 생겨.

이 요철 부위가 마치 레고 블록처럼 서로 끼워지면서 움직임을 방해해. 그래서 마찰력이 생긴다는 거야.

또 하나는 **냉용접** 때문이라는 거야.
두 물체가 서로 맞닿으면 각각의 표면을 이루는 불규칙한 분자들 사이에 서로 끌어당기는 힘이 생겨 딱 달라붙어 버려.
이걸 냉용접이라고 하는데,
딱 달라붙어 움직임을 방해하는 거야.

하지만 완전히 붙지는 못해.
물체의 표면은 울퉁불퉁하므로
실제로 맞닿아서 하나가 된 분자는 많지 않아.

우리가 딱 붙어있는 것 같아도 적당한 힘을 가하면 용접 상태가 끊어져서 떨어지게 돼.

## 마찰력은 접촉면이 거칠수록 커져.

울퉁불퉁한 정도가 심할수록
서로 걸리는 곳도 많고 닿는 곳도 많으니까 *저항이 커지는 거야.
이때 열이 나는데 이 열이 바로 마찰열이야.

## 또, 마찰력은 두 물체가 강하게 붙어 있을수록 커져.

두 손바닥을 가볍게 붙이고 비비면 쉽게 비빌 수 있지만
힘을 줘서 꽉 붙이고 비비면 잘 비벼지지 않잖아?
이 역시 저항이 커졌기 때문이야.

*책 마지막 장에서 더 자세한 정보를 확인해 보세요.

사람들은 원시 시대부터 마찰을 이용했어.
원시 시대 사람들은 나무를 서로 비벼 불을 피웠잖아?
마찰로 마찰열을 일으켜 불을 피운 거야.

오늘날에도 마찰력을 이용하고 있지.
대표적인 게 자동차나 자전거의 브레이크야.
바퀴의 안쪽이나 옆에 고무 등의 재질로 된 패드를 붙여서
브레이크를 밟으면 이 패드가 바퀴에 닿아
마찰을 일으켜 멈추게 해.

# 2
# 그네 타다 대 발견!

미끄럼틀 사건 이후로, 진구가 삐쳤어.
마찰열을 알고 나니 나는 미안한 마음이 들었어.
진구에게 메시지를 보냈지.
진구는 답이 없었어.
그래서 다시 보냈지.
드디어 진구에게 답이 왔어.

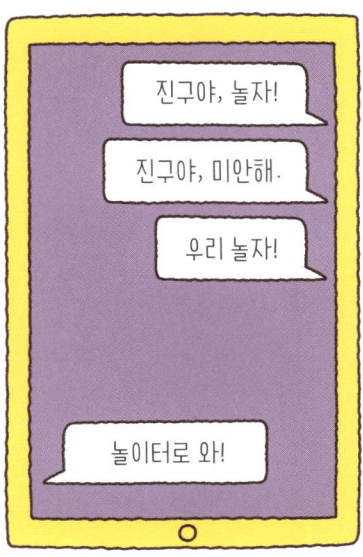

우리는 놀이터에서 만나 그네에 앉았어.
처음에는 그냥 가볍게 발만 굴렀어.

그런데 진구가 일어나서 그네를 타기 시작하는 거야.
나도 일어나 무릎을 힘껏 굴렀지.
미안한 건 미안한 거고, 진구한테 질 수 없잖아?
진구도 곁눈질을 하며 열심히 발을 굴렀어.
우리는 절대 질 수 없다는 눈빛을 주고 받으며
힘껏 그네를 뛰었지.

하지만 곧, '지면 어때!' 하는 생각이 들었어.
무릎을 움직이지 않았더니
그네의 속도가 줄고 올라가는 높이도 낮아졌어.
그렇게 얼마나 지났을까?
이상한 일이 벌어졌어.
나는 느리게 진구는 빠르게 움직이는데
우리 둘이 계속 같은 쪽에 있는 거야!

"어떻게 그럴 수가 있어요?"
어쩌다 한두 번, 진구와 내가 앞이나 뒤에
같이 있을 수 있지만 항상 그럴 수는 없는 거잖아?
진구는 빨리 왔다 갔다 하고
나는 느리게 왔다 갔다 하니까!
"갈릴레이가 알아낸 진자 운동을 발견하다니 대단한데!"
파토쌤 대답에 나는 우쭐했지.
"그 말씀은…… 제가 갈릴레이만큼 똑똑하다는 거죠?"

## 우주에서 그네를 탄다면?

그네처럼 끈에 매달린 물체가
중력의 영향을 받아서 하는 왕복 운동을 **진자 운동**이라고 해.
그런데 줄의 길이가 같은 두 그네가
하나는 빨리 움직이고 하나는 느리게 움직이면 어떻게 될까?

빨리 움직이는 그네는 속도가 빨라지고 그만큼 높이 올라가. 이동 거리(진폭)는 그만큼 길어지지. 느리게 움직이는 그네는 속도가 느린 만큼 낮게 움직여. 이동 거리는 그만큼 짧아지고.

그래서 두 그네가 한 번 왕복하는 시간(주기)은 같아.
결국 두 그네가 같은 방향에 있을 확률이 높지.

## 진자 운동의 특성은 *갈릴레오 갈릴레이가 발견했어.

1581년, 갈릴레이는 예배당 천장의
샹들리에가 흔들리는 것을 유심히 관찰하다가
샹들리에의 무게나 움직이는 폭(진폭)과 상관없이
한 번 왕복하는 데 걸리는 시간(주기)이
같다는 것을 발견하게 돼.

갈릴레이는 이 발견으로 '진자의 등시성'이라는
법칙을 알아냈어.

진자가 왕복하는 주기는
진폭이나 속도, 진자의 무게와
아무 상관없이 늘 같아.
진자의 주기를 좌우하는 요인은
단 하나, 끈의 길이뿐이지.

그리고 사람들은 이 법칙을 이용해 시계를 만들었어.
진자의 왕복 주기를 1초가 되도록 맞춰서
정확하게 시간을 측정하도록 한 거야.

갈릴레이 선생 덕에
정확한 시계를 만들었어.

그네나 시계의 진자는 언젠가는 멈춰.
연결 부위에 마찰이 생기고
진자가 공기의 저항을 받기 때문이야.
영원히 진자 운동을 하게 하려면
마찰이 없는 그네를 만들어 진공 속에 넣어 두면 돼.
그런데 마찰이 없는 그네를 우주에 가져다 놓으면 어떻게 될까?
한 번 움직이면 영원히 360도 회전하게 될 거야.
중력의 영향을 받지 않으니까.

# 3
# 뺑뺑 돌렸을 뿐인데…

오랜만에 사촌 동생, 찬혁이가 우리 집에 놀러 왔어.
나는 외둥이 찬혁에게 좋은 형이 되어 주고 싶었어.
그래서 함께 놀이터로 갔지.

시소도 태워 주고, 그네 타면서 파토쌤께 배운
진자 운동에 대해서도 가르쳐 주고!

찬혁이는 뺑뺑이 앞에서 날 불렀어.
"형, 나 이거 탈래!"
아, 찬혁이는 과학보다 뺑뺑이에 관심이 클 나이지!
"좋아, 어서 타. 내가 돌려 줄게!"
"형아, 최고!"

빨리, 더 빨리!

나는 찬혁이가 바라는 대로 온 힘을 다해
뺑뺑이를 돌렸어!
그런데, 그 결과
엄마한테 나만 된통 혼나고 말았어.
**"애를 떨어뜨리려고 작정을 한 거야?"**

"쌤, 전 동생을 재밌게 해 주려던 것뿐인데 억울해요. 엉엉!"
우는 척하는 내게 파토쌤은
티슈를 건네며 위로해 주셨지.
"알지, 알지! 하지만 네가 원심력에 대해 알았다면
그런 위험한 행동은 하지 않았을 텐데……."
"원심력이요? 제 행동이 위험했다고요?"
뭔가 과학 같은 냄새가 폴폴 나는데!
나는 호기심, 아니 좋은 형이 되고 싶어서 질문했어.

## 진짜 힘과 가짜 힘을 찾아라!

물체가 원운동을 하면 중심에서 멀어지려는 힘이 생겨.
뺑뺑이를 탈 때 느껴지는 밖으로 밀려나는 듯한 힘 말이야.
그게 바로 **원심력**이야.
자전거를 타고 커브를 돌 때 바깥쪽으로 쏠리는 느낌을 받잖아?
속도가 빠르고 커브가 심하면 그 느낌이 강해.
자전거가 길을 벗어나며 넘어지기도 하지.

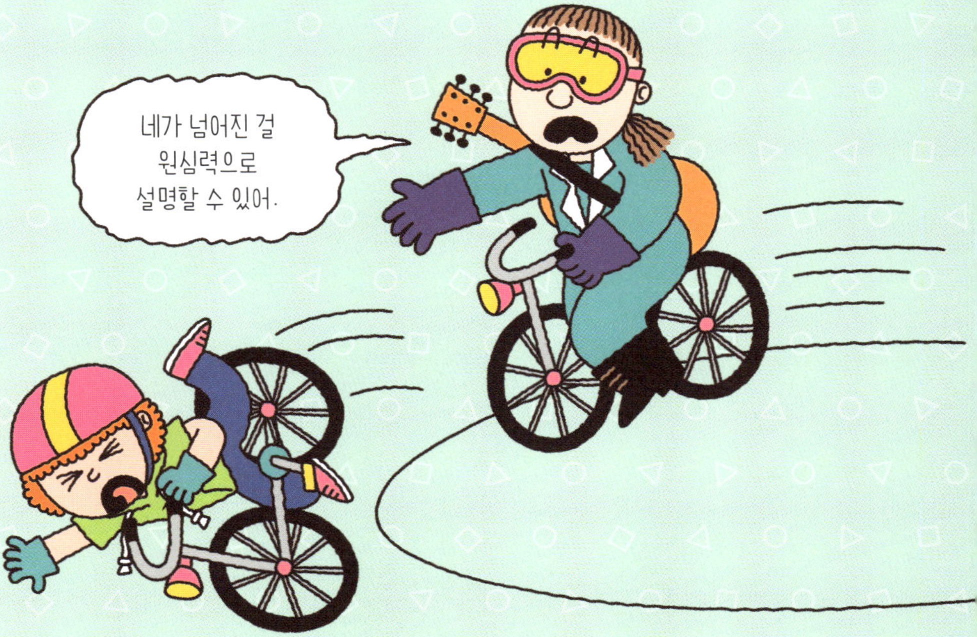

네가 넘어진 걸 원심력으로 설명할 수 있어.

그런데 원심력은 실제로 존재하는 힘이 아니야.
구심력과 관성 때문에 느껴지는 가상의 힘이지.
구심력과 관성을 알면, 이해가 갈 거야.

물체가 원운동을 할 때는 운동을 지속하기 위해
운동 방향을 계속해서 바꿔 주는 힘이 필요해.
이를 **구심력**이라고 하는데,
물체의 이동 방향과 수직으로 작용하지.
**관성**은 움직이는 물체는 계속 움직이려고 하고
정지해 있는 물체는 계속 정지해 있으려는 성질이고.

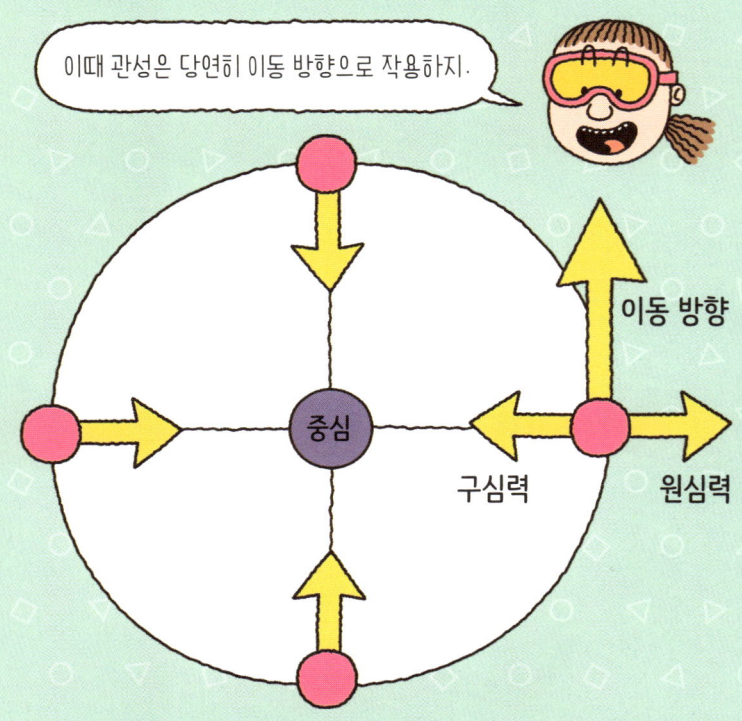

# 4
# 하마와 재밌게
# 시소를 타려면

요즘 파토쌤이 통
나와 안 놀아 주셨어.
그래서 난 심통 났지!

복수할 기회는
생각보다 빨리 왔어!
그런데 나는……
놀자는 말에 너무 약해.

결국 나는 쌤과 놀이터로 갔어.
쌤이 뭔가 신나는 걸 발견한 듯 소리치시는 거야!
"우리 시소 타자!"
쌤이 엉뚱하신 건 잘 알지만,
쌤과 내가 어떻게 시소를 타?

"어떻게 이럴 수가 있죠?"
내가 놀라운 듯 묻자
쌤은 당연한 듯 대답하셨지.
"그리 어렵지 않아!
무게 중심만 잡으면, 하마와도 시소를 탈 수 있다고!"
"정말요? 무게 중심을 어떻게 잡아요?"

시소를 탈 때 무게 중심
잡는 법을 알려 줄게.

몸무게가 같은 사람이 같은
거리에서 시소에 올라앉으면,
시소는 어느 쪽으로도
기울어지지 않아.

하지만 한쪽 사람이
무거우면 무게 중심도
무거운 쪽으로 옮겨 가게 돼.

이때 무거운 사람이
시소 받침점 쪽으로 앉으면
무게 중심이 중간으로
이동해서, 함께 시소를
타고 놀 수 있어.

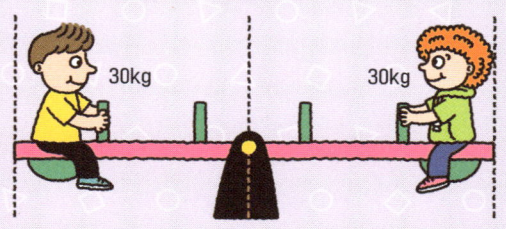

시소 받침점이 무게 중심!

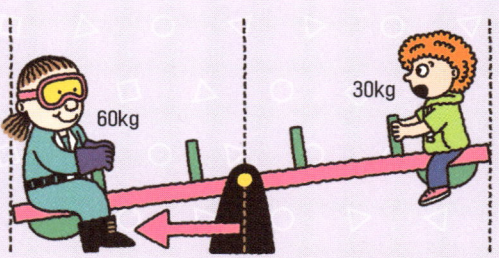

파토쌤과 같은 거리에 앉으면
무게 중심은 파토쌤 쪽으로 이동!

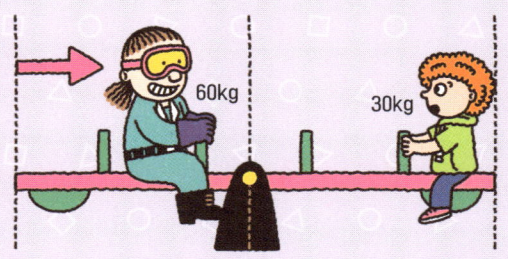

파토쌤이 앞으로 이동해서
무게 중심도 앞으로 이동!

시소처럼 막대 형태의 물체는 무게 중심을 찾기 쉬워.
길이를 재서, 정가운데를 찾으면 되니까.
원이나 사각형, 삼각형에서 무게 중심 찾는 법도 알려 줄까?

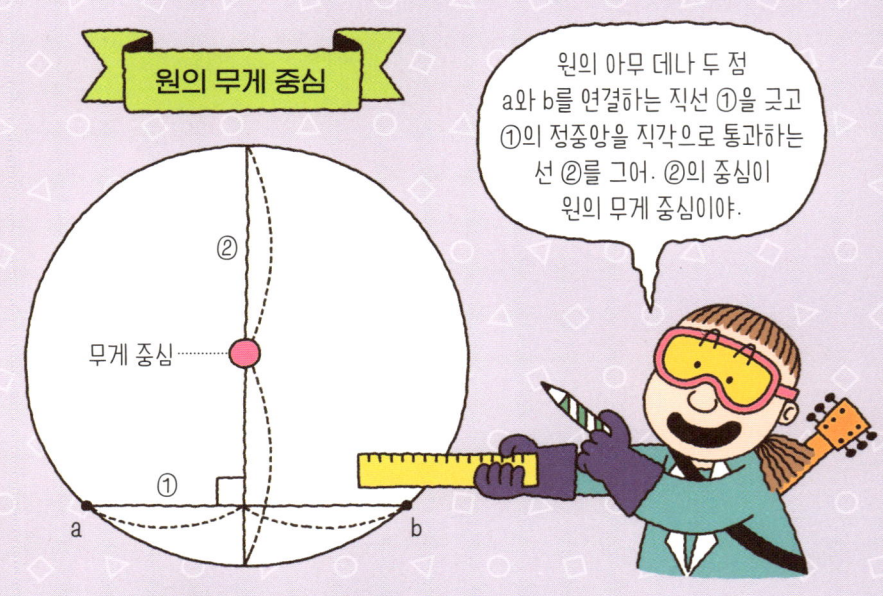

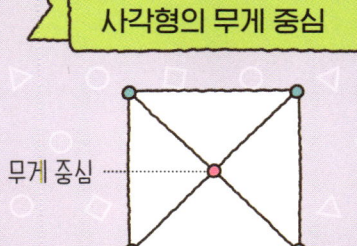

서로 대각으로 바라보고 있는
꼭짓점을 잇는 직선을 긋는다.
두 직선이 만나는 점이
사각형의 무게 중심이다.

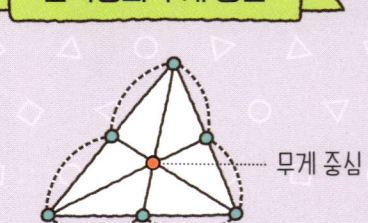

삼각형의 세 꼭짓점에서
반대편 변의 한가운데로 직선을 그으면
세 개의 선이 만나는 점이 생긴다.
그 점이 삼각형의 무게 중심이다.

사람들은 아주 먼 옛날부터 무게 중심을 이용해 왔어.
대표적인 게 저울이지.

천칭 저울은 한쪽에 무게를 재고자 하는 물체를 올리고 반대편에 1, 2, 5, 10그램 등의 추를 올려 평형을 맞춰서 물체의 무게를 재.

장난감을 만들 때도 무게 중심을 이용하고 있지.
대표적인 게 모빌과 오뚝이야.

나 모빌은 무게 중심을 이용해 여러 물체가 균형을 이루지.

나 오뚝이는 무게 중심을 아래쪽에 뒤서, 바닥이 둥글어도 쓰러지지 않고 다시 설 수 있지.

무게 중심의 원리는 오늘날에도 널리 이용돼.
무거운 물건을 들어 올리는 크레인에는
카운터웨이트라는 무거운 추를 달아.
그래야 무거운 물건을 들어 올려도 평형을 유지할 수 있으니까.

# 5
# 여기서만은 제발 참아 줘!

오후 2시쯤 되면, 우리 아파트 아이들은
후문 쪽 놀이터에 다 모여. 왜냐고?
거기에 바닥 분수가 있거든!
여름철이면 매일 2시부터 3시까지 바닥에서 분수가
솟아난다고!

얼마나 놀았을까? 갑자기 오줌이 마려운 거야.
순간 이런 생각이 들었지. '그냥 여기서 슬쩍 눌까?'

하지만 퍼뜩 이런 생각이 들었어.
'물 색깔과 오줌 색깔은 다르잖아!
여기서 누면 안 돼! 참아야 해!
이제 난 애가 아니라고!'

분수 물이 하수구로 바로 흘러드니까, 괜찮지 않을까?

조금만 늦었으면 큰일 날 뻔했네!
화장실을 나오는데 쌤이 소리치셨어.
"물인지 오줌인지……, 네가 다 닦아!"

"그럼요, 그럼요!"
나는 왜 이렇게 뛰어 들어올 수밖에 없었는지 설명하며 열심히 걸레질했지.
쌤은 킥킥대며 듣고 계셨어.
"잘 참았다! 안 그랬으면 다들 네 오줌을 뒤집어쓸 뻔했어!"
"진짜요? 어렸을 때는 그냥 눴는데……."
"과장하면 그렇단 말이야. 분수에서 뿜어져 나오는 물은 그냥 수돗물이 아니거든."
"그럼, 뭐예요?"

먼저 씻고 와! 분수의 구조와 원리에 대해 알려 줄게. 그러면 바다 분수에서 놀 때 오줌을 누면 왜 안 되는지, 논 다음에는 왜 깨끗하게 씻어야 하는지 알 수 있을 거야.

네!!!

바닥 분수는 모터를 이용해서 물을 위로 뿜어내게 되어 있어.

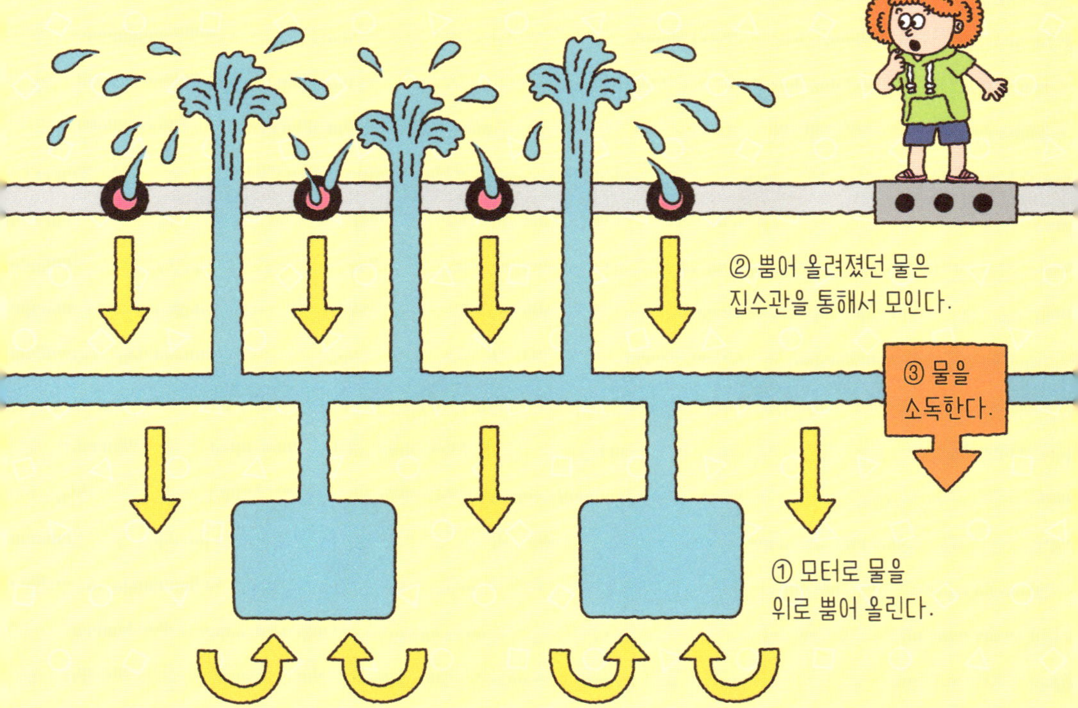

② 뿜어 올려졌던 물은 집수관을 통해서 모인다.

③ 물을 소독한다.

① 모터로 물을 위로 뿜어 올린다.

이처럼 **바닥 분수의 물은 바로바로 재활용**되고 있어.
그래서 바닥 분수에서 놀면서 오줌을 싸면
그 오줌을 뒤집어쓸 수밖에 없어.
약품을 투입해 물을 소독해도 오줌 성분이 완전히 사라지지는 않거든.

분수를 만든 지는 정말 오래됐어.
4천 년 전 *메소포타미아에서도 분수를 만들어 썼다고 해.
분수를 만든 건 도시에 물을 공급하기 위함이었어.
수도 시설을 만든 셈이야.
그러다 점점 장식해서 멋진 분수를 만들었지.

그런데 모터 없이 어떻게 분수를 만들었을까?
## 사이펀 관을 이용했어.

그리스의 수학자이자 과학자인 *헤론은
사이펀 관의 원리를 이용해 오랫동안 물을 뿜어낼 수 있는
분수를 만든 것으로 유명해.

① 물을 부으면
④ 물이 위로 솟구친다.
③ 공기가 물을 밀어낸다.
② 물이 $\frac{1}{3}$ 정도 채워져 있던 물통에 물이 차오르면서, 물통의 $\frac{2}{3}$ 를 채우고 있던 공기가 관을 통해 올라간다.

오늘날 사이펀 관의 원리가 이용되는 대표적인 발명품이 변기야.

① 물을 내리면 뒤쪽 저장된 물이 쏟아져 나와 변기에 물을 채운다.

② 물의 압력이 증가해 사이펀 관 안에 물이 차기 시작한다.

사이펀 관

③ 물이 사이펀 관의 구부러진 부분을 넘어서면 변기의 물이 모두 빠질 때까지 사이펀 관을 통해 물이 빠져나간다.

④ 물이 한 번 모두 빠지고 나면 사이펀 관의 구부러진 부분을 넘지 않을 정도로 물이 차오른다.

사이펀 관의 원리 덕분에 변기 물은 항상 일정량을 유지하는 거야. 얘기하다 말고 어디 가?

사이펀 관의 작동 원리를 확인하러 간다고나 할까?

# 6
# 속이 텅텅 비었네!

오늘은 파토쌤과 함께 텔레비전으로
기계 체조 경기를 보고 있었어.
보다 보니, 나도 해 보고 싶어졌어.
내 마음을 읽었는지 쌤은 바로 일어나셨어.

쌤이 날 데리고 간 곳은 오래된 놀이터였어!
그런데 거기에 철봉이 있는 거야!
"예전에는 놀이터마다 철봉이 있었어!"
쌤은 철봉에 매달리며 말씀하셨어.
"철봉 운동은 원시 시대에
나무 열매를 따거나
맹수를 피하고자
어딘가 매달리는 데서
비롯됐을 거야.
달리기만큼이나
오래된 운동인
셈이지!"

철봉 운동을 잘하면,
원시 시대에서
살아남기 좋았어!

나도 철봉에 매달리려 했지만, 손이 안 닿았어.
쌤의 도움을 받고서야 철봉에 매달렸는데,
와, 너무너무 힘들더라!
나는 바로 내려올 수밖에 없었어.
내 몸무게를 버티느라 내 손바닥이 얼마나 힘들었던지
아주 빨개졌더라니까!
그런데, 손에서 이상한 냄새가 나는 거야!

나는 고개를 갸웃했어.
"몽둥이는 속이 차 있잖아요.
그런데 철봉은 왜 속이 비었어요?"
내가 철봉의 한끝을 가리키며
말하자, 쌤이 눈을 찡긋했어.
"관찰력이 좋은데!
네 말처럼 놀이터 철봉은
속이 빈 파이프 형태야.
휘어지는 걸 막으려고 속을 비운 거지"

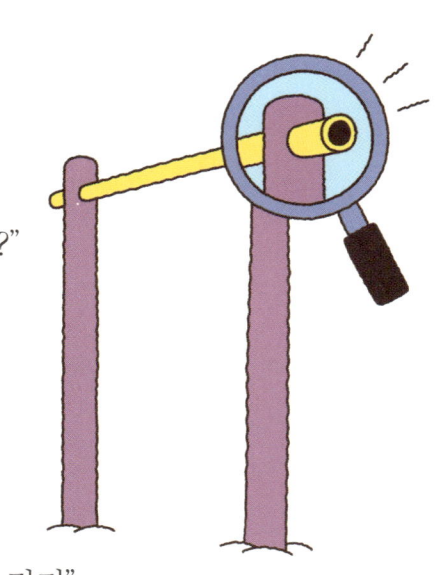

속이 비어야
안 휘어진다고요?

오늘은 철의 성질과
속이 빈 구조의 장점에 대해
알아봐야겠구나. 그러면
왜 철봉 속이 비어야 잘 휘어지지
않는지 알 수 있을 거야.

문명의 역사를 석기, 청동기, 철기로 구분하는 거 알지?
철기 시대는 3,000여 년 전부터 시작된 것으로 보여.
우리가 사는 현재도 철기 시대라고 볼 수 있지.

철은 간단한 도구부터 건축물에 이르기까지 널리 쓰여.
불에 녹여서 원하는 모양으로 만들 수 있고,
식히면 그 모양을 오랫동안 유지할 수 있으니까.

### 철은 강도가 아주 세거든.
강도란 외부 힘에 저항하는 능력을 말해.

철은 **인성**도 높아.

인성이란 늘어나거나 퍼지는 성질이야.

인성이 높은 물질은 엄청난 충격에도 잘 부러지지 않지.

그 대신 휘어지게 돼.

지진 등으로 붕괴한 건물을 보면 쉽게 알 수 있어.

그런데 철을 속이 빈 파이프 모양으로 만들면
충격을 받았을 때 훨씬 덜 휘어지게 돼.

간단한 실험 하나 해 볼까?
A와 B 둘 중 어느 쪽이 회전시키기 어려울 것 같아?

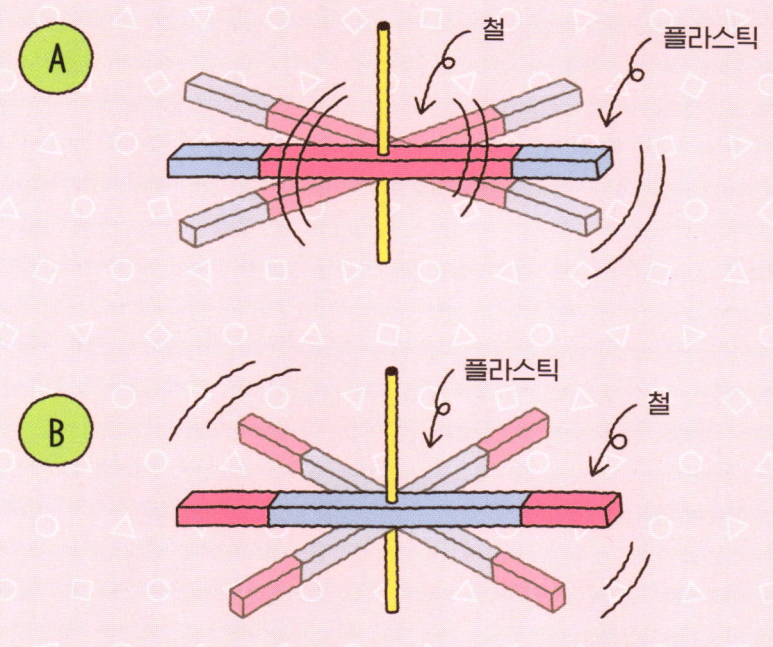

물체의 끝 쪽의 질량이 가운데보다 무거우면 회전시키기가 어려워.
그래서 A보다 B를 회전시키기가 더 어렵지.
그런데 말이야. 회전시키기 어려운 물체는 휘어지기도 어려워.
철봉도 마찬가지야. 속이 빈 파이프 형태는
가운데는 비어 가볍고 바깥쪽만 철로 무거워
철로 꽉 찬 철봉보다 회전시키거나 휘는 게 더 어려워.

내가 H 빔이야.

비슷해 보여도 약간의 곡선으로 이뤄진 내가 I 빔이야.

그래서 속이 빈 철봉의 철 부분이 적당한 두께를 유지하기만 하면 속이 꽉 찬 철봉보다 충격에 강해. 또 무게가 훨씬 가벼우므로 철봉 자체 무게로 휘어지는 일도 막을 수 있어. 철이 덜 들어가 값이 싸기도 하고. 그래서 고층 건물을 지을 때 쓰는 강철 빔도 빈 부분이 많도록 I자나 H자 형태로 만드는 거야.

어, 제 배는 지금 속이 텅 비었는데, 왜 이렇게 잘 휘죠?

너랑, 철이랑 같냐? 못 살아!

# 7
# 딱 멈췄어야 했는데

학교에서 집으로 돌아오는 길,
집으로 향하는 진구를 발견했어.
나는 갑자기 장난을 치고 싶어졌지.

도망치던 나는 놀이터로 뛰어 들어가서
미끄럼틀로 뛰어 올라가자, 진구도 따라 올라왔어.
미끄럼을 타고 내려오자, 진구도 타고 내려왔지.

내놓으라고 내놓을 내가 아니잖아?
나는 그네 사이로, 정글짐 속으로
요리조리 진구를 피해 도망쳤고
진구는 그런 나를 추격했지.

나는 놀이터 밖으로 나가기로 마음 먹었어.
그런데 진구가 내 생각을 읽었나 봐!
진구도 놀이터 입구로 전력을 다해 달려오는 거야.
'좋아! 어디 누가 빠른지 해 보자!'
나는 더욱 속도를 높여 놀이터 입구를 향해 달렸어.
그런데 계속 뛰다가는 진구랑 부딪힐 것 같았어.
멈추려 했지만 멈출 수가 없었어!

내 말을 듣던 파토쌤이 걱정스레 물으셨어.

"다친 데는 없니?"

내가 고개를 끄덕이자, 쌤이 꾸중하셨지.

"그렇게 서로를 향해 달리다 부딪히면 크게 다칠 수 있어!"

나는 입을 쭉 내밀었어.

"저도 멈추려고 했다고요."

내 말에 쌤이 씩 웃으셨어.

"하지만 바로 멈출 수 없었지?"

"와, 쌤 마법사예요?"

관성은 외부에서 힘이 가해지지 않는 한
멈춰 있는 물체는 계속 멈춰 있으려 하고
움직이는 물체는 계속 움직이려는 성질이잖아.

아인슈타인과 함께 역사상 가장 위대한 과학자로 불리는
*아이작 뉴턴이 정립한 운동 법칙이야.
그래서 **관성을 뉴턴의 제1 운동 법칙**이라고도 해.

**멈춰 있던 버스가 갑자기 출발할 때나
달리던 버스가 갑자기 멈출 때,**
우리가 중심을 잃는 건 관성 때문이야.

차에서 안전띠를 매야 하는 이유도 바로 관성 때문이야.
**달리던 차가 급히 멈추면 몸이 앞으로 쏠려.**
우리 몸은 차와 함께 달리고 있어서 계속 달리려 하니까.
그런데 차가 갑자기 멈추면, 몸은 여전히 달리려는
관성을 갖고 있으므로 앞으로 튀어 나가게 되는 거야.

안전띠를 안 했으면, 큰일 날 뻔!

공을 갖고 놀 때도 관성을 알 수 있어.
운동장에 공을 놓고 가만있어 봐.
발로 차기 전까지 공은 가만히 있어.
그러다 발로 툭 건드려서
**공에 힘을 가하면 또르르 굴러가**기 시작해.
이게 모두 관성 때문이야.

하지만 움직이는 물체는 결국 멈추고 말아.

굴러가던 공이
멈추는 건
바로 '마찰' 때문이야.
공기와의 마찰,
바닥과의 마찰로
결국 멈추게 되지.
하지만 공기도 없고
바닥도 없는 우주에서는
멈춰 있던 것을 밀거나
움직이던 것을 잡기 전까지 운동하던 물체는 계속 운동하고
정지해 있던 물체는 계속 정지해 있어.

# 8
# 모래에도 각이 있다고?

진구와 놀이터에서 모래 빼앗기 놀이를 했어.
모래를 산 모양으로 쌓은 뒤, 꼭대기에 막대기를 꽂고
번갈아 가며 모래를 가져오는 놀이 말이야.

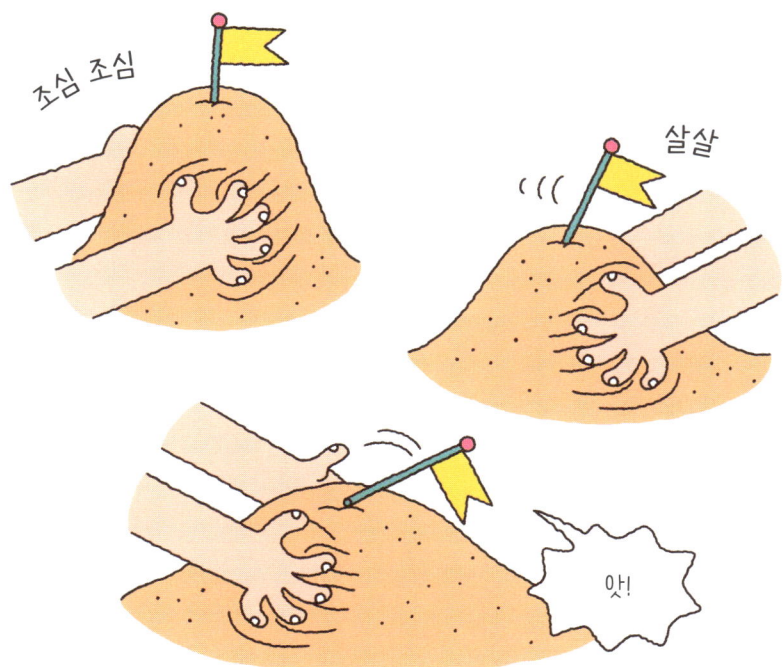

우리는 점점 더 커다란 모래 산을 만들어서 놀았어.
"모래 산을 더 크게 만들자! 한 번에 오래 놀게!"
주변의 모래를 모아온 우리는
차례로 모래 산 위에 모래를 쏟았어.

그런데 우리가 쌓은 모래 산의 크기는 다 다르지만
모양은 거의 똑같은 거야!
모래 산을 쌓을 때, 뾰족하게 쌓으려고 해도
모래가 자꾸 흘러내려서
항상 비슷한 모양의 모래 산이 되더라고.
"왜 모래 산은 모두 같은 모양이 되는 걸까?"
궁금하던 차에 진구가 소리치는 거야!

우리는 쌤께 모래 산에 대해 물었지.
그러자 쌤이 기특하다는 듯 말씀하셨어.
"이런 이런! 멈춤각을 발견하다니!"
"멈춤각이요?"
"우리가 발견한 거예요?"
"우아, 멋지다!"
우리는 대단한 발견을 한 과학자가 된 것처럼 신이 났지.

**멈춤각**이란, 물질이 경사면에 쌓일 때
자연적으로 만들어지는 경사의 최대 각도를 말해.
즉, 이 멈춤각을 넘어서면 그때부터 모래가 미끄러지기 때문에
결과적으로 모래 산이 다 비슷한 모양이 되는 거지.

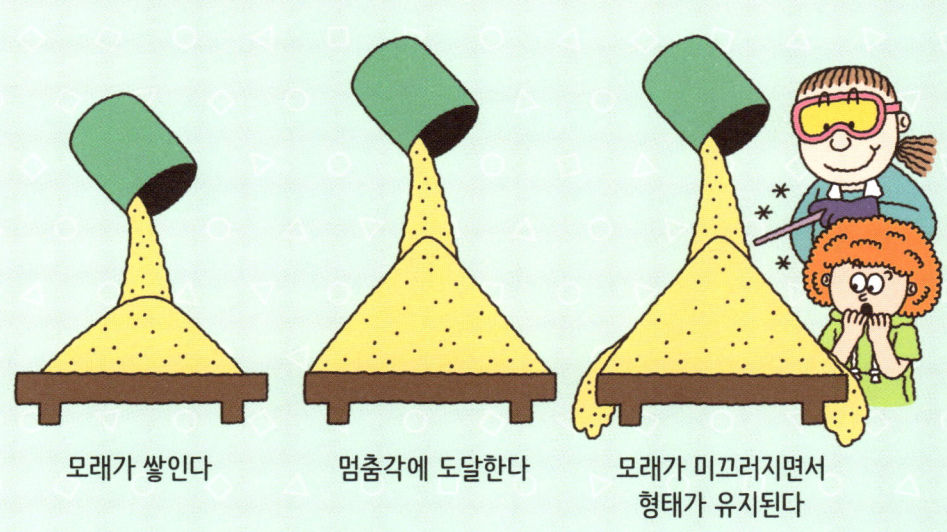

모래가 쌓인다 / 멈춤각에 도달한다 / 모래가 미끄러지면서 형태가 유지된다

멈춤각은 모래 산의 크기와는 상관없어.
놀이터에서 너희가 만든 작은 모래 산이든
이집트 피라미드만 한 모래 산이든,
모래의 종류가 같다면 멈춤각의 크기도 같아.

**멈춤각을 결정하는 건 모래의
입자 크기와 모양, 마찰력, 밀도 등의 특성**이야.
놀이터의 모래는 사막의 모래와 비슷한데,
대개 입자가 세밀하고 둥근 형태를 띠고 있으므로
멈춤각은 30~35도 사이에서 만들어져.

바람으로 모래가 밀려 쌓이면 언덕의 경사면이 점점 가파르게 되다가, 멈춤각에 도달하면 더 이상 안정되게 쌓이지 않고 옆으로 흘러내려. 그래서 사막의 모래 언덕은 거의 비슷한 모양이야.

그런데 모래라도 알갱이의 크기와 거칠기에 따라,
혹은 자갈 같은 작은 돌덩이들, 그리고 금속 가루처럼
입자 모양과 크기가 서로 다르면 멈춤각이 커져.
과학자들은 멈춤각을 연구하면서 알갱이들의 종류마다
재미있는 특성이 있음을 알게 됐어.

대표적인 예가 **브라질 땅콩 효과**야.
브라질 땅콩은 아주 큰 견과류야.
다른 견과류와 함께 넣으면 크고 무거우니까
아래에 위치할 거로 생각했지.
그런데 브라질 땅콩과 다른 견과류를 함께 섞인 상자를 흔들면
브라질 땅콩이 상자의 맨 위쪽으로 올라가는 거야!

진동이나 충격으로
작은 입자들이 큰 입자들
사이로 미끄러져 들어가
공간을 채우게 돼서,
그 여파로 큰 입자들이
점점 위로 밀려 올라간 거야.

과학자들은 참……
별 연구를 다 하네요!

별거 아닌 거 같다는
표정이네?

고대 환경을 연구하는 과학자들에게
브라질 땅콩 효과는 강이나 바다에 쌓인 퇴적물을 연구할 때
큰 도움이 돼.
지질학자들은 브라질 땅콩 효과를 참고해서
자연재해의 영향과 위험을 분석하고 대비하지.
산업 현장에서는
서로 다른 크기의 알갱이들을 분리하는 데
브라질 땅콩 효과를 활용하기도 하고.

# 9
# 으스스한 말타기

오늘은 말을 타기로 했어.
진짜 말 말고 왜 놀이터에 가면 있잖아!
빨강, 파랑, 노랑 색색으로 돼서
다리 대신 커다란 스프링이 달린 흔들거리는 말!

그렇게 한참 말을 타고 있는데
갑자기 이상한 기분이 드는 거야.
뒤통수가 찌릿하고 얼굴이 좀 따끔하다고나 할까?
하지만 뭐, 그냥 달렸어!
푸른 초원을 달려가는 인디언 추장처럼
두 손을 번쩍 치켜들고 신이 나서 달렸지!

장난감 말 바닥에 커다란 스프링을 달았을 뿐인데!
이런 재미를 느낄 수 있다니!
이런 생각을 하고 있는데,
누군가 내 등을 툭툭 쳤어.

놀이터에서 있었던 일을 얘기했더니
파토쌤이 놀란 듯 물으셨어.
"너보다 한참 어린 동생 눈빛에 눌려서
말타기를 그만뒀단 말이야?"
"그게…… 그 애 눈빛이 어찌나 으스스하던지……."
이렇게 말하고 나니 괜히 창피한 거야.
그래서 말꼬리를 돌렸지.

그런데 쌤, 장난감 말 아래 달린 스프링 덕에 진짜 말을 탄 것처럼 재밌게 놀았는데, 스프링이 어떤 역할을 하는 거예요?

스프링이라…… 좋아! 오늘은 스프링 구조에 대해 알려 줄게!

스프링은 참 많은 곳에서 찾아볼 수 있어.
장난감 말은 물론이고 침대의 매트리스에도 있고, 볼펜에도 있지.
이런 스프링들이 제 역할을 하도록 만드는 것이 바로 탄성이야.

**탄성이란 물체가 외부 힘으로 변형될 때,
그 변형에 저항하는 성질**을 말해.
고무나 *라텍스를 손으로 누르면 들어가지만
손을 놓으면 다시 원래대로 돌아오는데, 이게 바로 탄성이지.

그런데 스프링은 스프링강이라는 **철**로 만들어.
철은 고무나 라텍스와 달리 누른다고 쑥 들어가지도 않고,
한번 휘면 저절로 펴지지 않아.
힘을 가하면 구부러지다가, 심지어 부러지기까지 해.

하지만 철을 **돌돌 감긴 나선형 구조**로 만들면
엄청난 **탄력성**을 가진 스프링을 만들 수 있어.
나선형 구조로 만들면 힘이 가해졌을 때
그 힘이 분산돼 영구적으로 찌그러지지 않고
힘이 제거되면 원래 상태로 돌아가거든.

그런데 사실 스프링은 나선형 모양만 있는 게 아니야.
판 모양도 있고 두루마리처럼 말린 모양도 있지.
모양은 달라도 원리는 같아.
이런 스프링들은 충격을 흡수하거나 완충하는 장치에 많이 쓰여.

# 10
# 언제 놀아야 안 덥지?

여름 방학이야.
무지무지 더운 여름 방학!
나가서 놀고 싶은데, 너무 더워서 그럴 수가 없어.

그렇다고 놀기를 포기할 수도 없고,
아, 정말 너무해!
태양이 떡하니 버티고 있어서
놀이터에는 그늘 한 점 찾을 수가 없으니 말이야!
저 태양 아래서 놀다 보면 나는 김처럼 까매질지도 몰라.

나는 하는 수 없이 베란다 앞에 멍하니 서서
밖만 바라보고 있었어.
그렇게 밖을 내다보고 있자니, 그림자가 보이더라!
태양의 위치에 따라서 서서히 달라지는 그림자 말이야.

"쌤, 태양이 서쪽으로 기울면서 그림자가 길어져요!
그림자가 길어지면 그늘이 생겨서
여름이라도 놀이터에서 놀기 좋을 것 같아요!"
내 말에 쌤이 활짝 웃으셨어.
"오늘은 태양의 고도와 그림자의 관계를 찾아냈구나!"
"태양의 고도요?"

태양의 고도는 태양과 지구 표면이 이루는 각이야.

태양의 고도가 낮다는 건,
태양이 지표면과 이루는 각이
작다는 뜻이야.
아침이나 저녁에
태양이 고도가 낮지.
태양의 고도가 낮으면
그림자는 길어져.
그 덕에 그늘이 많이 생겨.

반대로 태양의 고도가 높다는 건
태양이 지표면과 이루는 각이
크다는 뜻이야.
한낮에 그렇지.
태양과 지표면이 이루는
각이 크기 때문에
그림자는 짧아.
그늘이 생기기 어렵겠지?

태양이 가장 높이 있을 때의 고도를 **태양의 남중 고도**라고 해.
하루 중 태양과 지표면의 각도가 제일 클 때로,
낮 12시 30분 무렵이야.

이때는 태양 빛이 좁은 영역에 집중되므로
그만큼 많은 빛과 열이 집중돼.
손전등을 직각으로 비출 때와 비스듬히 비출 때
빛이 퍼지는 모양을 보면 이해가 가지?

그런데 하루 중 기온은 오후 2시 30분경이 가장 높아.
왜냐고?

물을 끓일 때를 생각해 봐.
불에 물을 올렸을 때 바로 따뜻해지진 않잖아?
불의 열이 물에 옮겨져 물이 데워져야 할 시간이 필요하지.
태양과 지구의 관계도 마찬가지야.
지구도 태양 빛과 열에 데워질 시간이 필요한 거야.

### 그럼, 언제 밖에 나가 놀면 좋을까?

태양의 남중 고도가 가장 높은 정오에
밖에 나가 놀면 어떻겠어?
그렇지 않아도 더운데, 그늘도 없어 땡볕 아래서 놀아야 해.
2시 반쯤은 어때?
그때는 기온이 가장 높을 때니
이런 때 나가 놀면, 땀에 옷이 다 젖고도 남을걸!
그러니 차라리 아침이나 저녁에 나가 노는 게 좋겠지?

# 교과 연계가 궁금해요

| 목차 | 놀이터에서 찾은 과학 원리 | 교과 연계 |
|---|---|---|
| 1. 앗 뜨거워! 왜 뜨거워? | 마찰과 마찰열 | 중학교 1학년 1학기 여러 가지 힘 |
| 2. 그네 타다 대 발견! | 진자와 진자 운동 | 5학년 2학기 물체의 운동 |
| 3. 뱅뱅 돌렸을 뿐인데… | 원심력과 구심력 | 5학년 2학기 물체의 운동 |
| 4. 하마와 재밌게 시소를 타려면 | 무게 중심 | 4학년 1학기 물체의 무게 |
| 5. 여기서만은 제발 참아 줘! | 분수의 원리 | 3학년 2학기 물질의 상태 |
| 6. 속이 텅텅 비었네! | 철의 성질 | 3학년 1학기 물질의 성질 |
| 7. 딱 멈췄어야 했는데 | 관성 | 5학년 2학기 물체의 운동 |
| 8. 모래에도 각이 있다고? | 멈춤각과 브라질 땅콩 효과 | 3학년 1학기 물질의 성질 |
| 9. 으스스한 말타기 | 스프링 구조와 탄성 | 중학교 1학년 1학기 여러 가지 힘 |
| 10. 언제 놀아야 안 덥지? | 태양의 남중 고도 | 6학년 2학기 계절의 변화 |

### 저항 (15쪽)

물체가 운동하는 방향과 반대 방향으로 작용하는 힘이야. 달리기할 때 공기와 부딪히는 것도 저항이고, 바짓가랑이나 소매가 닿으면서 마찰이 일어나는 것도 저항이지. 그래서 육상 선수들은 공기와 마찰 저항을 줄이기 위해 몸에 꼭 붙은 운동복을 입어. 전기가 흐를 때도 저항이 발생해. 전기 저항이라고 하는데, 전기 저항이 크면 전력 손실이 커.

### 메소포타미아 (46쪽)

메소포타미아는 오늘날 이라크 지역에 있는 티그리스강과 유프라테스강 사이를 말해. 비옥한 초승달 지대로 불렸던 이곳에서는 기원전 3,000여 년 전부터 농사를 짓기 시작했어. 그 덕에 사람들이 몰려들었고, 도시가 건설됐지. 인류 최초의 문명이 탄생한 거야. 메소포타미아 사람들은 문자를 만들어 재산과 이야기와 법을 기록했어. 또 천문학과 수학, 의학 등 학문을 발전시켰지. 바빌로니아, 페르시아 같은 국가들이 바로 메소포타미아 문명을 이끌었어.

### 라텍스 (77쪽)

고무나무에 흠집을 내면 젖과 같은 즙이 나와. 이 즙으로 천연고무를 만드는데, 이게 라텍스야. 석유로 만든 합성 라텍스도 있어. 두 라텍스 모두 탄성이 좋아서, 침대 매트리스와 베개부터 장난감, 카펫, 섬유 제품, 스포츠 용품 등등 생활에 널리 쓰여. 물감이나 접착제에도 라텍스가 쓰이지. 그런데 라텍스는 열에 약해.